AF394076

DESCUBRE EL SIGNIFICADO DE TUS SUEÑOS

Las claves para interpretar
lo que soñamos

Por Léa Schalk
Traducido por Laura Soler Pinson

Salud y bienestar   50MINUTOS.es

CÓMO INTERPRETAR TUS SUEÑOS

- **¿Problemática?** ¿Alguna vez te has despertado sobresaltado tras una pesadilla, pero no has entendido su significado? ¿O te has convertido en el protagonista de un sueño extraño donde se mezclan unos elementos a cada cual más intrigante y absurdo? ¿Pero por qué soñamos? ¿Qué papel desempeñan los sueños? ¿Realmente podemos interpretarlos?
- **¿Meta?** Comprender el mecanismo de los sueños, su influencia en nuestro día a día, y descubrir cómo descifrarlos.
- **¿Preguntas frecuentes?**
  - ¿Todo el mundo sueña?
  - ¿Soñamos todo el rato cuando estamos durmiendo?
  - ¿Para qué sirven los sueños?
  - ¿Por qué no siempre me acuerdo de mis sueños?
  - ¿Qué es un sueño premonitorio? ¿Existen realmente?

- ¿Mis sueños pueden influir en mi día a día?
- ¿Cómo interpreto mis sueños?

El sueño: ¿hay algo más íntimo y personalizado que esa película nocturna en la que somos a la vez el director y el protagonista y, la mayoría de las veces, sin que nos demos cuenta? Con todo, cabe señalar que, a veces, el ritmo alocado de nuestras jornadas lo convierte en el menor de nuestros problemas. Pocos son aquellos que, cuando se despiertan, dedican tiempo a explorar esas improbables aventuras imaginarias. ¿Pero realmente existe alguien que nunca se haya despertado aterrorizado o, incluso, llorando, presa de preguntas angustiosas? «¿Era un sueño? ¿Por qué he soñado esto?». Y, al contrario, ¿quién no ha intentado alguna vez alargar un dulce sueño para ver dónde lo llevaría? Y es que, aun con todo, nuestras fantasías nos hacen reflexionar, especialmente si se trata de algo extraño o conmovedor.

¿Los sueños son fantasías desprovistas de sentido o, por el contrario, son valiosas fuentes de información acerca del inconsciente? ¿Hasta qué punto podemos y debemos escucharlos? ¿Por qué con mucha frecuencia solo quedan fragmentos en nuestra memoria? ¿Podemos recordarlos mejor e, incluso, interpretarlos? ¿Qué dice la ciencia al respecto? En este texto, intentaremos explorar todos estos aspectos, manteniendo los ojos bien abiertos.

¿DE DÓNDE VIENEN LOS SUEÑOS?

LOS CICLOS DEL SUEÑO Y SUS FASES

Las preguntas relacionadas con la interpretación de los sueños y con su dimensión psíquica son apasionantes, pero ¿qué ocurre desde un punto de vista puramente fisiológico cuando soñamos? Las neurociencias clínicas contemporáneas —es decir, las especialidades médicas que estudian el sistema nervioso, como la neurología o la medicina del sueño— se basan en el estudio en directo de la actividad cerebral para comprender mejor el fenómeno onírico, entre otras cosas.

A finales de los años 1950, el investigador francés Michel Jouvet observa un fenómeno inesperado basándose en el electroencefalograma. Se trata del sueño paradójico, una fase del sueño que, desde entonces, se asocia al fenómeno de la ensoñación. Jouvet la califica como paradójica por el contraste que existe entre, por una parte, los movimientos oculares y la actividad cerebral que se desencadenan y, por otra, el cuerpo inerte y la dificultad para despertar al individuo.

Para situar mejor las fases de sueño paradójico —y, por lo tanto, el momento en el que soñamos, como aseguran varios expertos— dentro de una noche de sueño, debes saber que esta viene configurada por una sucesión de ciclos de entre 90 y 120 minutos cada uno. Durante un periodo de sueño, se pueden contar de 3 a 5, en las que los científicos distinguen varias fases:

- **el sueño lento,** que dura entre 60 y 75 minutos, y que está conformado por cuatro estadios:
  - el adormecimiento, que se caracteriza por un estado de semiinconsciencia durante el que es fácil despertarnos (estadio I);
  - el sueño lento ligero, por el que, con más

frecuencia, pasamos durante la noche. Representa alrededor del 50 % de nuestro tiempo de sueño (estadio II);
  ○ el sueño lento profundo conforma los estadios III y IV. Durante la primera parte de esta fase, la tensión muscular y la actividad cerebral disminuyen y, además, alcanzamos el nivel más profundo de sueño lento.
- **el sueño paradójico** (fase REM —*Rapid Eye Movement*— o MOR —Movimiento Ocular Rápido—), que dura entre 10 y 20 minutos. Durante este periodo, el cerebro está en plena efervescencia y, a veces, su consumo de oxígeno es incluso superior al que experimentamos cuando intentamos resolver un problema complejo;
- **el sueño intermedio,** que corresponde a un periodo muy corto previo al despertar entre los distintos ciclos.

A partir del momento en el que nos acurrucamos bajo nuestro edredón, normalmente bastan unos veinte minutos para sumergirnos en un sueño lento profundo. Durante esta transición, asistimos a un cambio de las ondas eléctricas que emite nuestro cerebro, que disminuye su intensidad progresivamente, lo que hace que cada vez seamos menos receptivos a los estímulos externos, a menos que sean muy fuertes o que la persona que duerme los considere importantes (la evocación de su nombre, llanto, etc.). El sueño lento profundo, que nos ofrece una recuperación física óptima, es más pronunciado durante la primera mitad de la noche. Por ello, las primeras horas de sueño tienen propiedades extremadamente reparadoras. No obstante, la actividad cerebral de las fases lentas no es nula, sino que más bien está compuesta por impresiones sensoriales simples, descontextualizadas (por ejemplo, sensaciones de frío o calor, o emociones como la tristeza, el miedo, etc.). No suele suceder que las personas que están durmiendo, y que se despiertan durante estas fases, recuerden sus sueños con detalle. Sin embargo, esta travesía nocturna está lejos de ser un largo río tranquilo. Al final de un periodo de sueño lento, las ondas se aceleran y el hipnograma —gráfico que permite visualizar las distintas fases de sueño y de vigilia— vuelve a mostrar una actividad cerebral intensa: estamos en pleno sueño paradójico. La actividad onírica es compleja en este punto, con un marco, personajes, impresiones sensoriales potentes, etc. Si la persona que está durmiendo se despierta durante esta fase o la despiertan, será capaz de narrar el contenido de su sueño con precisión y muchos detalles. Esta fase de actividad nerviosa intensa representa alrededor del 20 % del tiempo de sueño total en los adultos, entre el 40 y el 50 % en los recién nacidos y todavía más en la etapa prenatal.

Una vez que pasa la zona de turbulencias del sueño paradójico, llega el sueño intermedio, en el que recuperamos la sensibilidad a los estímulos externos. Si no nos despierta nada en ese momento, empezamos un nuevo ciclo, y en seguida olvidaremos esa corta vigilia. Por la mañana, es obvio que una mínima vigilia al final de un ciclo podrá desencadenar un despertar total.

¿POR QUÉ SOÑAMOS?

¿Cuál es la función del sueño?

Nos pasamos aproximadamente un tercio de nuestra vida durmiendo. Al establecer un vínculo directo entre el sueño paradójico y la ensoñación, varios especialistas consideran que este último ocuparía cerca del 20 % de nuestro tiempo de sueño. Así, tomemos como ejemplo un hombre de 50 años: habrá pasado más de tres años de su vida soñando. Aunque para algunos expertos es imposible cuantificar el tiempo que soñamos en una noche, ahora sí es seguro que un sueño fisiológico normal, es decir, no alterado por la ingesta de algunos medicamentos o por ciertas enfermedades, siempre conlleva ensoñaciones.

¿Pero cuál es su papel exactamente? ¿Por qué soñamos? Estamos lejos de tener una respuesta definitiva a esta pregunta y, además, existen muchas teorías enfrentadas. Algunas incluso llegan a refutar la existencia del vínculo entre la actividad onírica y el sueño paradójico.

Según el premio Nobel de Medicina Francis Crick y su colega Graeme Mitchison, el sueño paradójico serviría sobre todo para clasificar la información almacenada durante el día y para borrar la menos pertinente para no sobrecargar el cerebro. No obstante, no parece que esta teoría esté respaldada por datos científicos irrefutables.

Según otras investigaciones recientes en neurobiología, las ensoñaciones serían una recapitulación de nuestros pensamientos de la jornada para ayudarnos a asimilarlos mejor y afrontar el día siguiente tomando las buenas decisiones y, de esta forma, ser más eficaces. Se trata de un ejemplo perfecto de la famosa frase «lo consultaré con la almohada».

Para otros, las ensoñaciones favorecerían la creatividad cerebral, garantizarían una función de regulación emocional e, incluso, durante el desarrollo del niño, permitirían a este último perfeccionar o descubrir algunas aptitudes. ¿Sabías que los bebés muestran sus primeras sonrisas y otras expresiones faciales durante el sueño paradójico? Otra teoría asegura que el ensueño tiene una función de adaptación al estrés. En efecto, se ha observado que, cuando estamos estresados o heridos, la duración del sueño paradójico aumenta, como si nuestro sistema psíquico contara con una solución para aislarse y protegerse del estrés físico o del dolor. Todas estas hipótesis son fascinantes, pero jamás han sido demostradas.

¿Y qué ocurre con las pesadillas?

Este sueño un tanto particular, que, muy a menudo, provoca sudores fríos, sigue siendo relativamente poco conocido. Habrá que esperar a mediados de los años 2000 para que un pionero en el asunto, Tore Nielsen, psicólogo en el hospital del Sagrado Corazón de Montreal y director del laboratorio de sueños y pesadillas, elabore un primer modelo de cómo funcionan las pesadillas. En su opinión, estas no tendrían por qué ser una señal de malestar interno; al contrario, su función sería más bien la de domar nuestros miedos, la de convertirlos en algo tolerable y la de ayudarnos a digerir algunos episodios difíciles de nuestra vida. Si la pesadilla alcanza su objetivo, seguiremos durmiendo sin interrupción. Pero si fracasa en su tarea, nos despertaremos sobresaltados, temblando por nuestras angustias y nuestras dudas. Por lo tanto, existirían buenas y malas pesadillas. Estas últimas pueden llegar a ser patológicas si se repiten con frecuencia, duran todo el día y acarrean insomnio por miedo a volver a vivir esos episodios desagradables. Encontramos este tipo de pesadillas recurrentes en la gente que ha experimentado un trauma como una guerra, una agresión, una catástrofe natural, etc.

LA INTERPRETACIÓN DE LOS SUEÑOS

DE LA ONIROMANCIA AL PSICOANÁLISIS

Por su carácter aparentemente huidizo y misterioso, la ensoñación no ha dejado de llamar la atención del hombre desde el inicio de los tiempos. Es cierto que la historia está repleta de episodios más o menos legendarios de sueños que habrían influido su transcurso. Los personajes históricos cuyas hazañas o desventuras habrían sido guiadas por visiones oníricas son numerosísimos —desde Constantino (emperador romano, 270/288-337) a Carlomagno (rey de los francos, 742/747-814), pasando por Juana de Arco (heroína francesa, 1412-1431) o, incluso, Abraham Lincoln (hombre de Estado estadounidense, 1809-1865).

¿SABÍAS QUE...?

Probablemente, el inventor estadounidense

Elias Howe (1819-1867) jamás habría podido acabar su máquina de coser sin un sueño en el que se le aparecieron lanzas con un agujero en la punta.

Pero si bien el fenómeno psíquico viaja indistintamente a través de todas las épocas, no ocurre lo mismo con la atención que le otorgan las sociedades humanas de un siglo a otro. En civilizaciones como Egipto, la Antigua Grecia o la Antigua Roma, la incubación onírica y la interpretación de los sueños eran prácticas habituales. Por supuesto, la ensoñación ocupaba un lugar preminente. Hasta el punto de que los griegos, al igual que los egipcios, disponían de templos del sueño o de incubación, en los que se creía que se podían curar algunas patologías. La terapia consistía en dormir directamente en el suelo esperando a que, a través de un sueño, la divinidad llegara para responder a preguntas acerca del estado de salud del paciente, el origen del mal y el remedio que había que aplicar. En algunos templos, había sacerdotes especializados que incluso ayudaban a sus adeptos a interpretar correctamente sus sueños.

Lejos de ser una extravagancia actual, las claves de las ensoñaciones también encuentran sus raíces en ese pasado milenario. De hecho, han llegado hasta nuestros días testimonios en papiros egipcios. Pero habrá que esperar hasta el siglo II d. C., bajo el Imperio romano, para que aparezca la primera obra dedicada a la oniromancia, es decir, a la interpretación de los sueños a cargo de un adivino. En *El libro de la interpretación de los sueños*, Artemidoro de Daldis (escritor griego, siglo II d. C.) distinguía cinco categorías. No obstante, aunque en aquella época tenía la reputación de ser fiable, en realidad su libro no contiene ninguna utilidad objetiva.

La interpretación de los sueños era tan importante porque, para estas antiguas civilizaciones, la ensoñación representaba un lugar de encuentro privilegiado con los dioses. Era una expresión de la voluntad divina, por lo que tenía que permitir su culminación. Por ejemplo, en la obra homérica, la ensoñación se relaciona con la imagen inmaterial del difunto, con su alma, a través de la cual la divinidad expresa su mensaje a la persona que está durmiendo.

La ensoñación, que se apartó durante varios

siglos porque se relegó al rango de pura superstición, vuelve a ocupar un lugar protagonista con la llegada del psicoanálisis. En él, Sigmund Freud (médico neurólogo austriaco, 1856-1939) identifica la «vía regia hacia el conocimiento de lo inconsciente» (Lobos 2013), así como la posibilidad de curar trastornos emocionales gracias a la comprensión de su significado. Pero se da la vuelta por completo a la lectura de antaño: el sueño, que en tiempos lejanos se consideraba un mensaje divino, pasa a esconder en la teoría de Freud deseos ocultos desde la infancia, sobre todo de carácter sexual. En otras palabras, se acabaron los mensajes proféticos y las visitas nocturnas de las divinidades: el sueño es un acertijo que surge directamente de nuestro fuero interno.

Más tarde, Carl Gustav Jung (médico psiquiatra suizo, 1875-1961), discípulo disidente de Freud, introduce la noción de inconsciente colectivo, una especie de recopilación de imágenes arquetípicas comunes a toda la humanidad que, por lo tanto, remitiría fundamentalmente a lo mismo en cada uno de nosotros. En contra de la visión freudiana, el elemento sexual no desempeña el papel protagonista en esto. Para Jung, el objetivo principal del sueño es restablecer un equilibrio psíquico en el individuo, reconectando su yo consciente e inconsciente.

Hoy en día, el psicoanálisis continúa haciendo hincapié en la importancia de esta búsqueda íntima, que encierra sabiduría y fuerza interior. Obviamente, esto también pasa por el análisis del contenido de los sueños.

EL ANÁLISIS DE LOS SUEÑOS A CARGO DE PROFESIONALES DE LA SALUD MENTAL

¿Existe un espacio en la práctica médica para el estudio del contenido de los sueños, incluidas las pesadillas? ¿Puede servir como herramienta terapéutica para tratar trastornos físicos o psicológicos?

Desde un punto de vista médico, en el siglo XXI ya no tiene lógica atribuir significados al contenido de los sueños siguiendo una tabla de lectura absoluta cualquiera. En efecto, tal y como recuerda el doctor Daniel Neu, especialista en somnología y en neuropsiquiatría en el Hospital Universitario

Brugmann de Bruselas, el análisis del guion de las ensoñaciones tiene sentido si se efectúa teniendo en cuenta la situación individual de la persona afectada. En particular, por ejemplo, el uso del contenido de los sueños cobra todo su sentido cuando unas pesadillas recurrentes pueden ser un síntoma de sufrimiento psíquico o moral grave, como un trastorno de estrés postraumático.

¿Es este tu caso? Buenas noticias: ahora, con ayuda de un psicoterapeuta, es posible sustituir el trabajo nocturno que algunas pesadillas fallidas no habrían llevado a cabo con la terapia de ensayo en imaginación (IRT, por las siglas en inglés de *Imagery Rehearsal Therapy*). Esta técnica, que ya ha demostrado su eficacia, consiste en ayudar al individuo que sufre de pesadillas patológicas a reapropiarse sus recuerdos oníricos negativos para suavizarlos. En concreto, el psicoterapeuta te invita a visualizar tu sueño malo una primera vez cerrando los ojos. A continuación, pasa a la etapa de la reescritura: tienes que cambiar el guion para convertirlo en positivo y, después, debes repetírtelo durante 5 a 10 minutos cada día. Se ha demostrado que esta nueva historia reconstruida tendrá unas probabilidades considerables de volver a aparecer en sueños. Según unas investigaciones canadienses, un adulto necesita de 2 a 3 semanas para lograr este trabajo y la tasa de éxito rozaría el 80 %.

Sin embargo, salvo en casos de gran desesperación, como el de las pesadillas, recordar nuestros sueños no reviste demasiado interés desde el punto de vista de la medicina del sueño, que considera que su utilidad como recuerdo jamás ha sido demostrada. Además, el hecho de otorgar demasiada importancia al mensaje del sueño no solo no sería necesario para nadie, sino que podría llegar a convertirse en algo preocupante e, incluso, peligroso. Por su parte, el psicoanálisis, percibe de una manera totalmente diferente la cuestión de la plusvalía terapéutica del sueño.

TEST: ¿DEBERÍA CONSULTAR A UN MÉDICO DEL SUEÑO?

¿Te identificas con estas pocas afirmaciones?

- A menudo, me cuesta dormirme e, incluso, tengo miedo de adormecerme.

- Hablo en sueños.
- Con frecuencia, sufro apneas del sueño.
- Rechino los dientes involuntariamente mientras duermo.
- Tengo episodios de sonambulismo.
- Sufro de terrores nocturnos. Emito gritos de pánico y, a la vez, me resulta imposible despertarme.
- Me muevo mientras sueño e, involuntaria-mente, puedo volverme violento.
- Tengo comportamientos con connotación sexual mientras duermo.
- Puedo dormirme de repente, a cualquier hora del día.
- Con frecuencia, tengo pesadillas aterra-doras o ansiógenas.

Si has marcado al menos una de estas afirmaciones, no dudes en consultar a un médico del sueño, que podrá darte más información.

Por lo tanto, salvo casos particulares, el estudio del contenido de los sueños no compete a la neurociencia. En efecto, el significado de los ensueños, que es tan escurridizo y variable de una persona a otra, se aleja demasiado de las exigencias de objetividad características de las ciencias. Si tienes la sensación de que tus sueños encierran un mensaje, tendrás que acudir a un psicoanalista o a un psicoterapeuta. Muchos de estos especialistas consideran que la interpretación de los sueños es una posible mina de información sobre el paciente o sobre el individuo en general —ya sea para trabajar sobre su sufrimiento o, simplemente, para ayudarlo a conocerse mejor—.

«Vivía mi sexualidad de una manera bastante mecánica: para mí, lo importante era tener un buen rendimiento. Pero esto ya no me llenaba; me sentía siempre frustrado y afligido. Quería recuperar una sexualidad más sensual, pero me sentía incapaz de dejarme llevar con una mujer. A menudo, tenía sueños preocupantes e incomprensibles en los que tenía relaciones sexuales repugnantes con animales y que acababan muy mal. Decidí consultar a un especialista, que me ayudó a analizar mis sueños y a comprender su sentido. Entendí lo que me bloqueaba en mis relaciones amorosas y eso me tranquilizó. Hoy en día, me autorizo a vivir mi sexualidad de una forma diferente» (François, 30 años).

En el caso de François, la interpretación de sus sueños con la ayuda de un psicoanalista le permitió superar algunos bloqueos o problemas para finalmente quitarse ese peso. Según algunos especialistas, esta concientización aparece mucho más rápidamente a través del análisis de los sueños. También existirían sueños reparadores, que traerían soluciones a los problemas. Por ejemplo, ¿sabías que el simple hecho de empezar una psicoterapia sería capaz de estimular sueños focalizados, que encierran respuestas? Obviamente, lo más difícil es interpretarlos correctamente. Inès Carels, psicóloga belga, afirma que, para un profesional, la mejor forma de ofrecer una buena lectura de los sueños del otro es dedicar tiempo al análisis de sus propios sueños.

Pierre Daco, psicólogo y psicoanalista belga de prestigio internacional, está convencido de que la ensoñación es fundamental para el equilibrio mental y psicológico del ser humano, tan esencial como la alimentación y el sueño, y lo define como una especie de «respiración psicológica»[1] (Daco 2013). La mayor parte de los personajes que

---

1. Cita traducida por 50Minutos.es

aparecen en una ensoñación no serían más que aspectos de nosotros mismos: un motivo más para interesarse por ello con absoluta seriedad.

En términos más generales, tal y como dice Aude Jullien, psicóloga, sexóloga y especialista en onirología que ejerce en Bruselas, interesarnos por nuestros sueños es interesarnos por nosotros mismos. Por lo tanto, no existe razón alguna para que recurramos al análisis de los sueños únicamente cuando tenemos problemas en nuestra vida. El trabajo de interpretación en general ayudaría al que sueña a descubrir aspectos de su personalidad hasta entonces desconocidos; en otras palabras, a conocerse mejor. Desde el punto de vista de sus partidarios, este enfoque es capaz de abrir una puerta hacia una realidad objetiva, el yo profundo, despojado de condicionamientos, de miedos, de culpabilidades. ¿Método disparatado u opción creíble? Tú decides.

ALGUNOS CONSEJOS PARA DESCIFRAR TUS SUEÑOS

Acordarte de tus sueños

El análisis de los sueños no puede improvisarse.

No obstante, existen métodos para llevarlo a cabo solo, fuera de una psicoterapia. Pero antes de intentar cualquier alternativa para interpretar, es necesario que recordemos nuestros sueños. ¿Cómo podemos incrementar nuestra memoria de las ensoñaciones?

- La calidad de nuestro sueño influye también en nuestros ensueños, por lo que es fundamental que evitemos las cenas pesadas o las sustancias excitantes antes de empezar a relajarnos. Intenta también apagar la televisión y el ordenador al menos una hora antes de acostarte. Asimismo, evita practicar deporte intenso antes de ir a la cama. Para acabar, idealmente, tu habitación debe estar sumergida en la oscuridad total y en el silencio absoluto.
- Es importante que seamos conscientes de que vamos a soñar y de que haremos todo lo posible por retener nuestros sueños. Muchos expertos afirman que, ante todo, tenemos que interesarnos por nuestros sueños para recordarlos mejor. Para ayudarte, repite el siguiente mantra: «Voy a soñar y voy a intentar acordarme de mis sueños».
- Pon a prueba este pequeño ritual: antes de ir

a dormir, bebe la mitad de un vaso de agua que dejarás justo a tu lado, en tu mesita de noche. Cuando te despiertes, acábate el vaso. Se supone que este truco te ayuda a reactivar tus recuerdos.

Dado que es más frecuente acordarnos de lo que hemos soñado al final de la noche, cuando el sueño está más cortado por microvigilias, existen técnicas de memorización que se pueden poner a prueba por la mañana.

- En su libro *The Everything Dreams Book*, Jenni Kosarin, experta en astrología, aconseja fijar el despertador entre 15 y 20 minutos antes de lo normal, pulsar el botón «repetir» y volver a dormirse. Repetida dos o tres veces, esta técnica permitiría recuperar más fácilmente imágenes del sueño.
- Cuando sales de un sueño, lo mejor es que te quedes tumbado, con los ojos cerrados, para dejar que las imágenes vuelvan. Si no se te aparece nada, intenta cambiar de posición. También puedes pensar en algunas personas importantes de tu vida, algo que podría generar que salieran a la luz algunos elementos.
- Otra estrategia que a menudo citan algunos

psicólogos es llevar un diario de sueños y actualizarlo todas las mañanas. Lo ideal sería escribirlo todo al despertar, incluso aquello que en apariencia no tiene sentido. Las preguntas clásicas «¿quién?», «¿qué?», «¿dónde?», «¿cuándo?» y «¿cómo?» podrán guiarte. Según vayas avanzando, irán aflorando los recuerdos. Esta práctica llegaría incluso a aumentar la frecuencia de recuerdos de los sueños.

- Otro método posible, que requiere una presencia de espíritu menos importante que la escritura, es grabarse con un dictáfono cuando te despiertas, incluso manteniendo los ojos cerrados. En cierto modo, en ese momento, estás lo más cerca posible del sueño.

Comprender el significado de tus sueños

¿Has logrado acordarte de tu sueño gracias a este puñado de buenas costumbres? Ahora es el momento de que empieces a reflexionar. Para interpretar el contenido de las ensoñaciones, no existe una regla universal y los diccionarios de los sueños no deben convertirse en tu herramienta de referencia. En cambio, un diccionario de símbolos podrá guiarte con respecto al simbolismo de un elemento, aunque la interpretación onírica tiene que ser personal y debe mantener una relación con tus propias vivencias.

Aunque existen multitud de métodos de interpretación, lo cierto es que hay consejos generales que podrás aplicar para examinar y revelar el sentido de tus sueños. Empieza por volver a leer con atención tus anotaciones en tu diario de sueños haciéndote las preguntas adecuadas.

- ¿Cuál es la estructura general del sueño? ¿De qué situación parte? ¿Cómo se desarrolla y dónde termina?
- ¿Cuáles son los elementos principales? ¿Qué personajes, qué lugares, qué símbolos, qué imágenes clave aparecen?
- ¿Qué emociones se desprenden de tu sueño? Analiza lo que has sentido: alegría, miedo, un sentimiento de ira, impotencia, etc.
- ¿Cuál es el vínculo entre tu sueño y tu situación actual? ¿Qué información te proporciona sobre tus recursos y tus bloqueos?

Mientras respondes a estas preguntas generales, no pases por alto las siguientes recomendaciones:

- mantén tu objetividad y no inventes una trama

donde no existe;

- no le busques tres pies al gato: a menudo, el significado es obvio;
- si tu sueño escenifica una película que has visto el día anterior o una actividad reciente, es inútil que busques un significado más profundo —aunque, según algunos psicoterapeutas, incluso el sueño más insignificante intenta transmitirnos algo—;
- si eres presa de pesadillas recurrentes, comprueba que no tengan como origen un trauma reciente (una agresión o un fallecimiento inesperado, por ejemplo), en cuyo caso sería preferible que consultaras con un especialista;
- presta especial atención a los detalles, ya que a menudo encierran una importancia que no debes pasar por alto;
- dibuja tu sueño si te seduce la idea. Al parecer, dibujar provoca que aparezcan detalles suplementarios y, a la vez, convierte el sueño en algo menos abstracto.

A continuación, se aconseja que vuelvas a leer tus notas, intentando revivir tu sueño y viajar hacia adelante y hacía detrás a través de las imágenes, dejando que surjan las respuestas y las preguntas. Patrick Bertoliatti, psicopráctico especializado en el estudio de los sueños, sostiene que, unas veces, obtendremos confirmaciones de lo que sentimos y, otras veces, elementos de respuesta inesperados.

Dos ejemplos de símbolos recurrentes

Aunque los diccionarios de los símbolos solo pueden ofrecernos indicaciones generales, también es cierto que, en las personas que sueñan, algunas imágenes clave se repiten de manera recurrente. Si tenemos una obra de estas características en casa, lo primero que debemos hacer cuando nos despertemos será sumergirnos en ella con mucha curiosidad.

A menudo, la casa es un elemento central en los sueños de todo el mundo. Varias simbologías afirman que representa lo que ocurre en nuestro interior. Para Freud, esto remite al cuerpo, mientras que, para Jung, esto tendría más que ver con el alma. Es fundamental analizar las habitaciones de la casa con la que soñamos: la cocina simboliza la transformación y la evolución psíquicas, ya que en ella modificamos los alimentos; las ventanas y las puertas podrían asociarse a los ojos; el cuarto nos remite a nuestra vida sentimental y sexual; el ascensor, emblema por excelencia de elevación espiritual, nos lleva a los distintos pisos de nuestra psique, etc.

A otro nivel, también es muy frecuente el sueño en el que se nos caen los dientes. En la Antigüedad, se consideraba un mal augurio, como por ejemplo la pérdida de un ser cercano, aunque desde entonces este simbolismo ha adquirido un sentido más amplio. Así, este tipo de sueño podría representar una pérdida de vigor, de vitalidad.

Algunos ejemplos de interpretaciones

Independientemente de los símbolos recurrentes, el contenido de los sueños está estrechamente ligado con las vivencias personales de la persona que duerme. Partiendo de este supuesto, las personas que nos han ofrecido los siguientes testimonios han intentado interpretar sus sueños de manera autónoma.

Sarah tenía una pesadilla recurrente que no lograba descifrar, ya que se le escapaban algunos detalles. Tras varios intentos y cuando estableció una relación con su situación personal, pudo tomar conciencia de un malestar que le invadía y que no sospechaba.

> «Desde hacía varias semanas, la misma pesadilla me atormentaba por la noche. Vivo en un segundo piso de un pequeño edificio y, por lo general, prefiero tomar el ascensor. En mi sueño, me persigue un individuo enmascarado y yo intento huir, subiendo de dos en dos las escaleras. Sigo corriendo para escapar de mi asaltante, pero, por mucho que sigo avanzando, me quedo atrapada en el segundo piso. Termino por tropezarme y el individuo me alcanza y se me acerca con un cuchillo en una mano y con una novela policiaca en la otra. Entonces, me doy cuenta de que se trata de una mujer —mi madre— y que está a punto de asesinarme, tal y como está escrito en el libro. En ese momento, me despierto. Al intentar interpretar mi sueño en relación con mi situación real, comprendí que se trataba de una representación de mi angustia por el futuro. Tenía la sensación de no avanzar, de no evolucionar y de ser prisionera de una vida de adolescente, ya que seguía viviendo en casa de mi madre. Desde entonces, no he vuelto a tener esa pesadilla» (Sarah, 27 años).

Por su parte, Clara ha vuelto a vivir una experiencia reciente a través del sueño, mezclándola con elementos de su pasado. El elemento completamente insignificante de la víspera probablemente despertó en ella sus miedos lejanos, que se remontan a su infancia.

Marine ha tenido un sueño premonitorio. Según varios psicoanalistas, no solo existe este tipo de sueños, sino que, además, vendría a confirmar también unas capacidades de anticipación superiores a las de una conciencia despierta, que estaría todavía limitada. El doctor Jean-Michel

Crabbé, autor de *Sommeil et rêves*, observa que, por razones que jamás se han esclarecido, el inconsciente a veces logra poner en contacto a dos personas alejadas la una de la otra, pero cercanas en el plano emocional. Este parece ser el caso de Marine:

«Hace algunos años, cuando vivía lejos de mi familia durante mis estudios universitarios, me desperté una noche sobresaltada tras un sueño estremecedor, de una nitidez impresionante que, sin embargo, no podría calificar como pesadilla. Estaba en un cementerio al que había acudido sola, sin saber por qué. No muy lejos de mí, tenía lugar un entierro. Escuchaba la conversación bastante vaga de unas mujeres acerca de la pérdida de un ser querido. Y, de repente, veía a mi abuela acercarse a mí. Sus ojos azules como el hielo me miraban fijamente, con intensidad. No hablaba, la expresión de su rostro era imperturbable. En ese momento, me desperté con un nudo en el estómago, como si esa mirada hubiese atravesado mi alma. Dos días más tarde, el mismo día en el que volvía a mi ciudad natal para visitar a una amiga, mi abuela nos abandonó. Tenía una edad avanzada, pero no estaba enferma. Fue inesperado; ni siquiera tuve tiempo de pasar por su casa para ir a verla. En seguida volvieron a mí las imágenes de mi sueño» (Marine, 30 años).

EN RESUMEN

Tanto si te dejas guiar por un psicoanalista como si actúas por tu cuenta, ahora, gracias a tus sueños, ya sabes más sobre tus ambiciones, tus bloqueos y a lo mejor también sobre tu forma de superarlos. Que vuelvas a ganar en claridad te ayudará, por ejemplo, a modificar algunas de tus conductas, a pasar página ante un acontecimiento particular o a afrontar un obstáculo con más confianza. En función de tus deseos y de tu carácter, también podrás hablarlo con un amigo, un enfoque que recomiendan altamente algunos psicólogos. Para aquellos que sean más *geek*, recientemente ha surgido en la red una nueva tendencia: aplicaciones y sitios web destinados a compartir sueños. Sin embargo, las tecnologías modernas no pueden reemplazar el trabajo llevado a cabo por un especialista o por ti mismo: sois los únicos capaces de desentrañar las claves de comprensión y de superar la fase de simplemente compartir.

PREGUNTAS FRECUENTES

¿TODO EL MUNDO SUEÑA?

Sí, todos soñamos cada noche, siempre que no hayamos tomado medicamentos especiales. Al parecer, los bebés sueñan mucho más que los adultos. En cuanto a las personas en coma, algunas mencionan recuerdos de ensoñaciones cuando despiertan. Sin embargo, la existencia de actividad onírica durante el coma jamás ha sido demostrada por la ciencia. Más allá de la especie humana, el sueño paradójico también se produce en los demás mamíferos y en los pájaros. Si se admite que se acompaña de ensueños, podemos afirmar entonces que todos estos animales sueñan como nosotros.

¿SOÑAMOS TODO EL RATO CUANDO ESTAMOS DURMIENDO?

Tras unos experimentos llevados a cabo durante los años 1950, la comunidad científica defendió durante mucho tiempo una relación directa entre el sueño paradójico, que se producía más o menos cada 90 minutos, y el nacimiento de ensoñaciones, pero esta teoría lleva cuestionándose desde los años 2000. En la actualidad, los neurocientíficos ya no tienen las mismas certezas en cuanto a los periodos exactos de sueño en los que se manifiesta el ensueño. Por lo tanto, es difícil afirmar no solo si soñamos todo el tiempo durante una noche, sino también el momento preciso en el que se produce.

¿PARA QUÉ SIRVEN LOS SUEÑOS?

El enfoque de la pregunta es distinto dependiendo de si se la planteamos a un médico del sueño o a un psicoanalista. Para los primeros, la utilidad del análisis del contenido de los sueños se limita al diagnóstico de posibles trastornos del sueño, mientras que, para los segundos, es una herramienta mucho más importante, utilizada ampliamente. Los psicoanalistas llevan a cabo el análisis de las ensoñaciones, porque, efectivamente, están convencidos de que el mundo onírico encierra información totalmente objetiva sobre el individuo, que no solo resulta útil en el caso de un sufrimiento psicológico, sino también, de forma más general, para todo aquel que quisiera conocerse mejor.

¿POR QUÉ NO SIEMPRE ME ACUERDO DE MIS SUEÑOS?

Se sabe que el 90 % de los sueños son eliminados de nuestra memoria desde el momento en el que nos despertamos. Así pues, para acordarse de un sueño de una forma duradera, nuestro cerebro tendría que tener el tiempo de transferirlo a la memoria consciente. Esto solo es posible a través de microvigilias durante el sueño. Algunos experimentos que han llevado a cabo neurocientíficos han demostrado que los individuos que presentan microvigilias más largas —de una duración de dos minutos— retienen mejor el contenido de sus sueños. No obstante, en la actualidad, las neurociencias no son capaces de demostrar si acordarse de los sueños conlleva una mejor calidad de vida para el individuo. Además, efectivamente, hay gente que dice que jamás se acuerda de sus sueños y lleva una vida completamente normal.

¿QUÉ ES UN SUEÑO PREMONITORIO? ¿EXISTE REALMENTE?

Carl Gustav Jung, así como otros muchos psicoanalistas, estudió la existencia de los sueños premonitorios. Para ellos, este tipo de sueños existe realmente y manifestaría una capacidad superior del inconsciente para anticipar cambios que se están produciendo en la realidad, pero que escapan a la conciencia despierta.

¿MIS SUEÑOS PUEDEN INFLUIR EN MI DÍA A DÍA?

Si dejan recuerdos, sí, por supuesto. Un psicoanalista dirá que son sobre todos el análisis del sueño y la toma de conciencia que deriva de él los que tendrán un impacto positivo en nuestro día a día. Sin embargo, la interpretación de los sueños no es en sí una etapa obligatoria para vivir mejor. En efecto, podemos obviar el posible mensaje que transmitirían sin que esto tenga repercusiones en nuestra calidad de vida. Para aquellos que gozan de un sueño y de una actividad onírica normales, la decisión de saber más es subjetiva.

En cambio, en casos extremos, no hay que tomar a la ligera la repetición de pesadillas particularmente aterradoras que arruinan los días y las noches de algunas personas. Esto puede llevarnos a un estado de sufrimiento de tal calibre que es obligatorio acudir a la consulta de un psicoanalista o de un médico del sueño. En particular, estas interrupciones nocturnas podrían anunciar trastornos del sueño u otras patologías que un somnólogo será capaz de detectar.

¿CÓMO INTERPRETO MIS SUEÑOS?

No existe una regla universal para interpretar el contenido de tus sueños, y aunque los diccionarios de los símbolos pueden orientarte en cuanto al simbolismo de algún elemento, lo cierto es que la interpretación de tus sueños debe ser personal y tiene que estar relacionada con tus propias experiencias.

Primero, arréglatelas para reunir las condiciones para una buena noche de sueño: no cenes pesado, no consumas sustancias excitantes, relájate, etc. Anota tus sueños en una libreta al despertar o graba tu relato con un dictáfono. Hazte preguntas con respecto a lo que hayas anotado o grabado: ¿cuáles son los elementos clave, las emociones experimentadas? A continuación, pasa a la fase interpretativa: ¿qué vínculos puedo establecer con mi situación actual? ¿Qué información debo sacar con respecto a mis recursos y a mis debilidades?

¡Tu opinión nos interesa!
¡Deja un comentario en la página web de tu librería en línea,
y comparte tus favoritos en las redes sociales!

PARA IR MÁS ALLÁ

FUENTES BIBLIOGRÁFICAS

- Aimelet, Aurore. s. f. "Je ne me souviens jamais de mes rêves". *Psychologies*. Consultado el 21 de noviembre de 2017. http://www.psychologies.com/Therapies/Psychanalyse/Reves/Articles-et-Dossiers/Je-ne-me-souviens-jamais-de-mes-reves

- Alberganti, Michel. 2014. "Faut-il et peut-on se débarrasser des cauchemars?". *Science publique, France Culture*. 27 de junio. Consultado el 27 de noviembre de 2017. https://www.franceculture.fr/emissions/science-publique/faut-il-et-peut-se-debarrasser-des-cauchemars

- Colectivo. 2013. "Les rêves et le sommeil". *Science et Vie Junior*, suplemento, n.º 98.

- Colin, Didier. 2011. *L'interprétation des rêves pour les nuls*. París: First Éditions.

- Crabbé, Jean-Michel. 2015. "Le sommeil paradoxal: la neuro-psychologie étonnante du rêve". *Sitemed*. 26 de febrero. Consultado el 21 de noviembre de 2017. http://www.sitemed.fr/reves/3paradox.htm

- Crabbé, Jean-Michel. 2003. *Sommeils et rêves*. París: Ellébore.

- Daco, Pierre. 2007. *L'interprétation des rêves*. París: Marabout.

- Eichenlaub, Jean-Baptiste, Olivier Bertrand, Dominique Morlet y Perrine Ruby. 2014. "Brain Reactivity Differentiates Subjects with High and Low Dream Recall Frequencies During Both Sleep and Wakefulness". *Cerebral Cortex.* 1 de mayo. Consultado el 21 de noviembre de 2017. https://academic.oup.com/cercor/article/24/5/1206/387425

- Garteiser, Marion. 2013. "Que révèlent vos rêves et vos cauchemars?". *E-santé.* 6 de mayo. Consultado el 21 de noviembre de 2017. http://www.e-sante.be/que-revelent-vos-reves-ou-vos-cauchemars/actualite/1185

- Kosarin, Jenni. 2008. *Tout sur les rêves*. Varennes: Ada Éditions.

- Lambert, Barbara. 2014. "Est-ce que c'est grave de ne pas se souvenir de ses rêves?". *Atlantico.* 21 de octubre. Consultado el 21 de noviembre de 2017. http://www.atlantico.fr/rdv/atlanti-question-lundi/est-que-c-est-grave-ne-pas-se-souve-nir-reves-perrine-ruby-1815258.html

- Lobos, Leo. 2013. *Nieve.* Santiago de Chile: Mago Editores.

- Mascret, Damien. 2015. "Comment le cerveau se souvient-il de certains rêves?". *Le Figaro.* 9 de abril. Consultado el 21 de noviembre de 2017. http://sante.lefigaro.fr/actualite/2015/04/09/23607-comment-cerveau-se-sou-vient-il-certains-reves

- Mazelin Salvi, Flavia. 2015. "5 étapes pour interpréter vos rêves". *Psychologies magazine*, n.º 348.

- Taubes, Isabelle. 2015. "Comprendre cet 'autre' qui vit en nous". *Psychologies magazine*, n.º 348.

FUENTES COMPLEMENTARIAS

- Sommeil et médecine générale. Consultado el 27 de noviembre de 2017. www.sommeil-mg.net

VÍDEO

- "Pourquoi le cerveau se souvient-il de nos rêves?", vídeo en YouTube, publicado por "Inserm Vidéos", 11 de febrero de 2014. https://www.youtube.com/watch?v=b94oprdrWe4